DON BOSCO

Angelika Grubert

Die 50 besten Spiele zur Selbstregulation

DON BOSCO

MiniSpielothek

**Gerne nehmen wir Ihre Anregungen,
Wünsche, Kritik oder Fragen entgegen:**
Don Bosco Medien GmbH, Sieboldstraße 11, 81669 München
anregungen@donbosco-medien.de
Servicetelefon (0 89) 4 80 08-341

Bibliografische Information der Deutschen Nationalbibliothek

Die Deutsche Nationalbibliothek verzeichnet diese Publikation in der Deutschen Nationalbibliografie; detaillierte bibliografische Daten sind im Internet über http://dnb.d-nb.de abrufbar.

4. Auflage 2025 / ISBN 978-3-7698-2510-7

produktinformation@donbosco-medien.de
www.donbosco-medien.de

Umschlag: Don Bosco Medien GmbH, München
Umschlaggrafik: picture/istockphoto.com
Layout: Alexandra Paulus
Satz: Don Bosco Medien GmbH, München
Druck: Don Bosco Druck & Design, Ursensollen

Gedruckt auf umweltfreundlichem Papier

Inhalt

*Hinweis: Viele der Spiele in diesem Buch sind inspiriert von Fachkolleg*innen, die ich sehr schätze. Dies betrifft v.a. die Spiele auf S. 78, 80 und 88. Ich bedanke mich herzlich für die Anregungen.*

Tipp: Jede laute Spielsequenz wird abschließend so leise wie möglich gespielt, um in eine innere Zentriertheit zu begleiten.

Jedes menschliche Wesen hat Anspruch auf eine Erziehung, die es fähig macht, auf sich selbst zu ruhen.

Malwida von Meysenbug

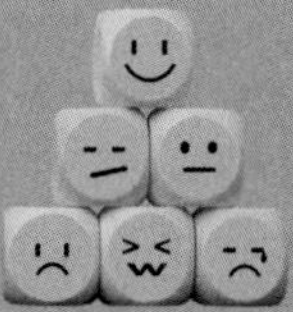

Gefühls-Dompteur-Training

In diesem Kapitel geht es sofort und ganz konkret um Selbstregulation, zum Beispiel um den aktiven Umgang mit Wut oder Unruhe in der Gruppe.

Schneeballschlacht

Jedes Kind in der Gruppe bekommt ein DIN-A4-Blatt. Darauf malt oder schreibt es ein Gefühl oder eine Stimmung, die es im Moment *nicht* haben mag. Für jede unliebsame Stimmung kann ein neues Papier gestaltet werden. Dann wird das Blatt zu einer Kugel zusammengeknüllt. Das ist der Schneeball – und damit kann die Schneeballschlacht beginnen.

Die Kinder bewerfen sich gegenseitig und können bereits verwendete Kugeln immer wieder aufheben und neu benutzen.
Nach einer Weile kommen alle zusammen, öffnen die Schneebälle, sehen sich deren Inhalt an und sagen: „Ach, das will ich auch nicht!“ Anschließend werden alle Blätter erneut zusammengeknüllt und in den Mülleimer gepfeffert.

Das Spiel kann fortgesetzt werden: Auf ein neues Blatt malen die Kinder, welches Gefühl oder welche Stimmung sie stattdessen *gerne* hätten. Erneut beginnt die Schneeballschlacht.
Nach einer Weile werden die Schneebälle geöffnet und in die Mitte gelegt:

- Was ist da zu sehen?
- Wann kam das schon einmal in der Gruppe vor?
- Wie war das?
- Wie können alle noch mehr von dem bekommen, was diese Schneebälle zeigen?
- Jede/r nimmt mehrere Schneebälle als Wunsch-Emotion oder als Inspiration mit.

Vertiefung

Die Bilder werden aufgehängt. Im Schlusskreis wird besprochen, was davon schon heute in der Gruppe da war, um die Aufmerksamkeit auf das Gewünschte zu lenken. Wir lernen dort am meisten, wo unsere Aufmerksamkeit hingeht.

Material

Papier, Stifte

Rakete

Die Gruppe überlegt, welche Stimmungs-Monster gerade da sind, die alle gerne loswerden möchten. Das können Zappelmonster, Krachmacher-, Krawallschachtel-Monster o. Ä. sein.

Dann sagt die Spielleitung: „Am besten schießen wir alle Monster zusammen in den Weltraum. Und das geht so. Alle können gleich mitmachen:"

„Wir trampeln mit den Füßen,
schneller und immer schneller,
wir klopfen mit den Händen auf unsere Beine,
schneller und immer schneller,
wir heben unsere Arme ganz hoch und
bei ›1, 2, 3 – Rakete‹ schießen wir das, was wir
gerade nicht brauchen können, in die Luft!"

Nun wird gefragt: „Wie geht es euch jetzt? Sind die Monster schon alle verschwunden? – Nein? Dann machen wir das noch einmal!"

Das Raketenspiel kann im Kreis oder am Platz stehend gespielt werden.

Wut-Zwerge

„Wo kommen denn diese Wut-Zwerge her?“, fragt die Fachkraft bei einem steigenden Aggressionspegel in der Gruppe. Meistens antworten die Kinder, dass sie das auch nicht wissen. „Und was machen wir mit denen?“, will die Fachkraft nun erfahren. Hier kann sie Ideen vorgeben wie z. B. „Wir trampeln sie in den Boden, wir stapfen sie ins Gras, wir bringen sie in den Wald …“

Das machen alle zusammen pantomimisch oder sogar konkret, wenn es passt und möglich ist. All das macht Spaß und verändert die Stimmung.

Nun haben viele Kinder eigene Ideen, was sie noch mit den Wut-Zwergen machen wollen:

Beispiele

- in der Sandkiste verbuddeln,
- im Garten vergraben,
- in die Toilette kippen,
- aus dem Fenster werfen …

Spielerisch werden all diese Ideen aufgegriffen, bis die Wut-Zwerge verschwunden sind.

Monsterausstellung

Es ist sehr entlastend, mit Humor und Kreativität starke Gefühle handhabbar zu machen.

Jedes Kind malt sein Gefühl als Monster: „Wie sieht mein Monsterchen gerade aus? Manche Monsterchen sind wütend, traurig oder ängstlich." Wenn alle Kinder ihre Gefühlsmonster gemalt haben, wird damit eine Ausstellung gemacht. Niemand ist alleine mit seinen Gefühlen. Wir alle haben sie und es gibt sehr viele davon.

Der zweite Teil der Ausstellung zeigt, wie Kinder ihre Gefühlsmonster verändern: „Nehmt ein neues Blatt Papier und stellt euch vor, ihr seid die Monster-Chefs. Ihr könnt eure Gefühlsmonster so verändern, wie ihr sie haben wollt. Wie sollen sie jetzt aussehen? Werden sie kleiner? Verschwinden sie? Fängt ein Monsterchen an zu lächeln? Wird es bunt?"

„Weil ich der/die Monster-Chef*in bin, kann ich mein Monsterchen verwandeln. Ich male es so auf, wie es jetzt sein soll."

Material

Papier, Stifte, Klebeband zum Aufhängen

Wetter-Chef*in

Zuerst wird ein Wetter-Chef bzw. eine Wetter-Chefin gewählt. Er/sie gibt das Kommando:

„Wenn der Wut-Sturm bei uns aufkommt,
ist er zuerst ganz leise und langsam ...,
aber dann bläst er immer stärker
und wird lauter und lauter ...“

Die Kinder laufen im Gruppen- oder Turnraum umher und spielen ihren Wut-Sturm. Sie heben die Arme, hüpfen in die Luft und machen Windgeräusche. Hierbei kann, je nach Geschmack der Beteiligten, auch Musik eingesetzt werden. Irgendwann schlägt der/die Wetter-Chef*in seinen/ihren Wetter-Gong und ruft: „Stopp!“ Alle Kinder halten nun an.
Danach kann ein/e andere/r Wetter-Chef*in bestimmt werden und das Spiel beginnt von neuem, solange bis alle Wutstürme abgeflaut sind. Dann scheint wieder die Gute-Laune-Sonne.

Material

Gong (Trommel o. Ä.), evtl. Musik

Vulkan

In Kleingruppen stellen sich die Kinder zu einem Vulkan-Kreis zusammen. Ein Kind ist Vulkan-Bestimmer und sagt an, was der Vulkan macht. Alle Mitwirkenden achten genau darauf, was das Bestimmer-Kind vormacht und machen mit: *„Jetzt beginnt der Vulkan zu beben …“* ***die Kinder trampeln mit den Füßen***
„… und die Lava blubbert.“ ***die Kinder zeigen mit ihren Händen die steigende Lava an***
Das Blubbern wird durch das Bewegen der Hände gezeigt, ebenso kann mit den Füßen getrampelt werden. Wenn der Vulkan ausbricht und Asche spuckt, können imaginative Brocken über die Schulter nach hinten geworfen werden.
Nun können unterschiedliche Variationen durchgespielt werden, die als Ventil für heftige Emotionen oder Unruhe dienen. Ein Gong, der von einem Kind oder einer Fachkraft geschlagen wird, zeigt an, dass sich der Vulkan wieder beruhigt. Er wird ganz friedlich und leise. Bei Bedarf kann es nach einem Kleingruppenwechsel von neuem beginnen. Wenn es mehr Anleitung geben soll, kann die Spielleitung mit einer Trommel die Vulkantätigkeit der Kinder lenken, indem er/sie stärker oder schwächer schlägt und zum Ende ganz verstummt.

Impuls

„Manchmal haben wir so starke Gefühle wie ein Vulkan. Dann können wir das Vulkan-Spiel spielen, zusammen oder auch jede/r für sich alleine. Jeder Mensch hat Verantwortung für seinen eigenen Vulkan, um sich und andere zu schützen." Jeder emotionale „Vulkan-Ausbruch" hat gute Gründe:

- Was hat mich, dich oder euch gerade so „vulkanisch" gemacht?
- Kannst du spüren, wenn es in dir anfängt wie in einem Vulkan zu brodeln?
- Was braucht der Vulkan dann, damit es ihm wieder bessergeht?
- Was ist für dich selbst und für andere in Ordnung?
- Was hat dir, mir oder uns zusammen schon einmal geholfen?

Material

Gong (Trommel o. Ä.)

Wackelpudding

Alle Mitspieler*innen stellen sich zu einem Schulterkreis zusammen und bilden die Wackelpudding-Schüssel. Die Fachkraft erklärt:

„Der Wackelpudding, der jetzt gleich in unserer Vorstellung in die Schüssel gefüllt wird, enthält alles, was an einem Tag so passieren kann. Manches davon hat uns gefallen, das wollen wir behalten. Aber anderes wollen wir wieder loswerden. Da kommt ein kleiner Wicht vorbei und tritt gegen das Tischbein, auf dem unsere Schüssel steht."

Dazu stampfen alle Kinder fest auf. Nun beginnt die Schüssel zu beben, indem alle Kinder Schulter an Schulter immer mehr hin und her wackeln. Dabei wird die Verbindung auf jeden Fall von Schulter zu Schulter gehalten. Die Fachkraft ruft nun:

„Alles, was uns heute nicht gefallen hat, lassen wir im hohen Bogen aus unserer Schüssel fliegen: Das Zeug verschwindet jetzt!"

Nun helfen alle noch etwas mit ihren Armen und mit ihren Stimmen nach ... und spüren am Ende gemeinsam die Entlastung.

„Alles in Ordnung!
Jetzt nehmen wir alles,
was uns gefallen hat, mit nach Hause.
Und Tschüss!"
Die Schüssel löst sich wieder auf.

Variation für die Weihnachtszeit

Fliegende Plätzchen:
„Alles, was uns heute nicht gefallen hat, lassen wir im hohen Bogen aus unserer Schüssel fliegen wie angebrannte Plätzchen, die fliegen können. Sie verschwinden jetzt!"

Heißluftballon

Ein umgedrehter Tisch oder ein auf dem Boden markierter Platz ist der Heißluftballon, in den alle einsteigen. Dann gibt es die Anleitung:

„Alles, was uns heute nicht gefallen hat, werfen wir jetzt über Bord, damit unser Heißluftballon starten kann."

Die Kinder können nun negativen Ballast beim Namen nennen, wie z. B.

- „Ich hatte Streit mit …"
- „Ich musste zu lange still sitzen."
- „Keiner hatte Zeit für mich." *usw.*

Alle zusammen nehmen pantomimisch einen Sandsack und rufen jedes Mal: „Und raus damit!" Jedes Kind kann einen Vorschlag machen. Immer wieder wird der Ballast gemeinsam hinausgeworfen, so lange, bis sich alle entlastet fühlen.
Nun kann der Heißluftballon abheben zu einer Fantasiereise, zu einer Besprechung oder Lern-Aktivität oder zum Nachhauseweg. Dieses Spiel lässt sich

ebenso nach einem Wochenende spielen, wenn Kinder so manchen Ballast von dort mitbringen.

Material

umgedrehter Tisch oder Malerkrepp zum Markieren

8

Das Auf-dem-Platz-Rennen

Dieses Rennspiel ist ein Ventil für überschüssige Energie und stärkt die Erfahrung, dass alle gleich schnell und gut sind. Es wird am Platz gespielt, ohne sich wirklich fortzubewegen. Die Kinder stellen sich z.B. hinter ihren Stuhl. Dann ruft der/die zuvor gewählte Kommando-Chef*in:

„Auf die Plätze, fertig, los!“
Und so kann es weitergehen:

- schnell ...
- noch schneller ...
- langsamer ...
- laut ...
- leise ...
- Rakete!

Bei der Rakete wird während des Laufens mit den Händen immer schneller auf die Oberschenkel getrommelt. Dann die Hände langsam heben und schließlich mit Getöse über den Kopf in den Himmel recken, wie eine Rakete, die abhebt.

Jedes Kind, das eine neue Idee hat, wird zum/zur Kommando-Chef*in und sagt, was in einer nächsten Spielrunde gemacht wird.

Beispiele

- „So renne ich, wenn ich wütend, friedlich, traurig, fröhlich, sanft, ängstlich, mutig, wild, laut, leise ... bin."
- „Manchmal schleiche ich schnell, langsam, leise, noch leiser ..., sogar rückwärts."
- „So bin ich am langsamsten und so bin ich, wenn ich schnell bin ..."

All das wird von allen anderen nachgemacht.

Das Lautsprecher-Kind

Um das Talent eines Kindes, laut und auch leise sprechen zu können, zu nutzen und zu trainieren, kann das Amt des „Lautsprechers“ in der Klasse bzw. Gruppe vergeben werden. Das Lautsprecher-Kind teilt die Botschaften, die die Fachkraft zu ihm leise sagt, allen anderen laut mit. So wird es zum/zur „Laut-Sprecher*in“ der Fachkraft. Das ist eine ehrenvolle Aufgabe.

Auf der Brust hat das Kind zudem einen imaginativen Knopf, der als Lautsprecher-Regler dient. Manchmal muss dieser Knopf aufgedreht werden, um laut sprechen zu können. Für den Rest der Zeit wird er abgedreht, in dem das Kind zweimal auf seine Brust klopft.

Dazu gibt die Fachkraft ein Zeichen: Dreht sie mit der Hand vor ihrer eigenen Brust einen imaginativen Knopf, ist das eine Erinnerung zum Lauter-Sprechen. Klopft sie zweimal mit ihrer flachen Hand auf ihre Brust, ist das das Zeichen zum Leiser-Sprechen. Um diese Funktion einzuführen, sollte diese Fähigkeit mit allen trainiert werden, damit jedes Kind weiß, wie es geht, wenn es drankommt.

Nach-Denk-Worte

Dieses Spiel trägt dazu bei, Aggressionen in einer Gruppe zu mindern. Selbst lautes Sprechen erhält eine sinnvolle Bedeutung:
Das Kind fühlt sich durch seinen konstruktiven Beitrag wertvoll und zugehörig. So erfährt es Aufmerksamkeit, und dysfunktionale Aufmerksamkeits-Bemühungen treten in den Hintergrund.

10

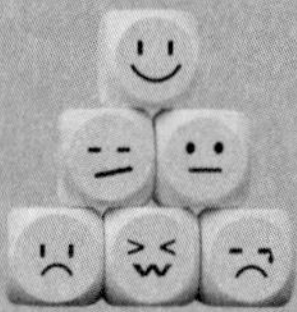

Gefühls-Experten werden

Gefühle immer besser wahrzunehmen und zu verstehen, ist eine emotionale Kompetenz, die Selbstregulation ermöglicht. Wenn Kinder durch Übungen lernen, ihr inneres Gleichgewicht schnell und natürlich wiederherzustellen und erfahren, dass jedem Auf (Ladung/Aufregung) ein Ab (Entladung/ Entspannung) folgt, sind sie auf dem Weg zu einem immer kompetenteren Umgang mit ihren Emotionen. Sie gewinnen Emotions-Kompetenz.

Gefühls-Gesichter malen

Die Spielleitung fragt: „Welche Gefühle kennen wir schon? Wie sehen sie aus? Lasst uns Gefühle sammeln und in Smiley-Gesichter malen.“[1]
Gemeinsam mit den Kindern sucht die Spielleitung einen Namen für das Gefühl: „Was will das Bild zeigen?“ Diese Gefühlsbilder werden aufgehängt. So wird der Gefühlswortschatz von Kindern, ihr Zugang dazu sowie ihr Umgang damit erweitert. Je nach Anlass kann die Gefühls-Gesichter-Sammlung immer wieder ergänzt werden. Sie dient für Gespräche oder auch für Folgespiele wie z. B. „Das Zaubertor“ (S. 30).

Material

Papier, Stifte

[1] Vgl. Barbara Lichtenegger, Ge(h)fühle! Arbeitsmaterialien für Schule, Hort und Jugendgruppen, Linz 2006.

Gefühle sind wie Farben

So wie sich aus den Grundfarben alle anderen Farben mischen lassen, so setzen sich auch aus unseren Grundemotionen viele unterschiedliche Nuancen zusammen. Kinder kommen nicht als Gefühls-Experten zur Welt, vielmehr lernen sie ihre Gefühle kennen, handhaben und nutzen. Dazu brauchen sie Ausdrucksmöglichkeiten, Anleitung und Begleitung, z.B. durch Mal-Aktionen.

Die Spielleitung fragt einleitend: „Welche Farbe hat dein Gefühl gerade? Wähle eine oder mehrere Farben für dein Gefühl aus und versuche es aufs Papier zu malen. Manchmal mischen sich die Gefühle auch wie die Farben auf deinem Blatt."

Wasser- oder Aquarellfarben zeigen interessante Verläufe. Auch Acrylfarben eignen sich für dieses Gefühls- und Farberlebnis. Zur Vertiefung kann eine Geschichte erzählt werden, die z. B. dazu einlädt für ein neues Gefühl eine weitere Farbe zu wählen. In den „Herzgeschichten"[2] der Autorin finden sich geeignete Erzählimpulse, wie zum Beispiel in der Viel-leicht-

---

[2] Angelika Grubert, Herzgeschichten. Kinder stärken und ihr Selbstwertgefühl fördern, Praxisbuch mit 32 Mutmachkarten für Kita und Schule, Don Bosco Medien 2020

Geschichte, in der sich Selina und Ben zuerst entmutigt, traurig und wütend fühlen und sich später wieder stark, ermutigt und voller Freude erleben.

Variation

Oftmals steckt hinter einem Gefühl ein ganz anderes. Das kann durch zwei Schichten Wachsmalkreide veranschaulicht werden: Das Kind malt über eine bunte helle Schicht eine dunkle Schicht. Danach können mit einem spitzen Gegenstand Motive freigekratzt werden.
Das veranschaulicht Gefühlsschichten, die wir alle haben: „Was ist bei mir darunter und was bei dir? Vielleicht bin ich gerade traurig (dunkle Farbschicht), aber darunter sitzt ganz bestimmt auch Freude (bunte, helle Farben). Ich kann immer wieder froh werden.“

Material

Papier, verschiedene Farben (Wasser- oder Aquarellfarben, Acrylfarben, Wachsmalkreiden), evtl. ein spitzer Gegenstand zum Auskratzen

Das Zaubertor

Dieses Spiel will Kindern helfen, wahrzunehmen, wie es ihnen gerade geht, um einerseits selbst Verantwortung dafür zu übernehmen und andererseits andere darüber zu informieren.
Dazu wird die Gruppentür oder eine andere geeignete Tür in der Einrichtung zum Zaubertor erklärt. Beim Durchgehen wird achtsam wahrgenommen:

- Wie geht es mir gerade?
  „Bin ich traurig, froh, cool, wütend, friedlich, ärgerlich, wild ...?"
- Was brauche ich?
  „Ich suche einen Freund oder eine Freundin."
  Oder
  „Ich habe eine Spielidee und brauche Mitspieler*innen." *Oder*
  „Ich will gerade alleine sein?"

All diese Gefühle und Bedürfnisse wurden zuvor gesammelt (s. „Gefühls-Gesichter malen", S. 27) und z.B. an einer Pinnwand abgebildet. Jedes Kind klemmt nun eine Wäscheklammer, auf der sein Name steht, an das passende Bildsymbol. Danach kann zusammen überlegt werden, was gebraucht wird oder was getan werden kann. Manchmal reicht die Information: „Ich bin gerade sauer oder traurig und brauche etwas Ruhe oder eine/n Freund*in.“ Dann wissen alle, was los ist und können sich darauf einstellen.

Material

selbst hergestellte Symbole für Gefühle und Bedürfnisse, Wäscheklammern mit den Namen der Kinder

13

Gefühlskönig*in

Die Gruppe benennt Gefühle und schreibt oder malt sie auf Kärtchen auf. Alle Gefühlskarten werden in einen Topf geworfen. Nun zieht jedes Kind verdeckt eine Karte.
Ein Kind beginnt, setzt eine Krone auf und spielt die Emotion auf seiner Karte pantomimisch vor. Alle raten nun, welches Gefühl das sein soll. Das Kind, das die Emotion errät, erhält als nächstes die Krone. Nun ist es selbst Gefühlskönig*in und spielt seine/ihre Emotion vor, die erneut erraten wird. So wird die Krone immer weitergegeben, bis jede/r einmal dran war.

Material

Kärtchen, Stifte, Krone, Topf bzw. Gefäß

Nach-Denk-Worte

Im Spiel geht es nicht um positive oder negative Gefühle. Alle Gefühle sind in Ordnung. Das gehört zu unserem Ganz-Sein: Die Last, immer nur lieb und freundlich sein zu sollen, ist zu groß. Ich darf alles sein. Es ist wie mit der Auswahl bei einem Buffet: Ich darf alles fühlen. Was ich fühle, hat einen guten Grund. Ich wähle aus, was für mich passend ist. Wenn ich ganz ich selbst sein darf und das in Ordnung ist, brauche ich meinen Frust an niemandem auszulassen. So angenommen und befähigt, lerne ich immer besser auf mich zu achten und das zu tun, was im Moment stimmig ist – für mich und für dich.

14

Gefühls-Bewegungen

Die Spielleitung erklärt den Kindern: „Gefühle wandeln sich ständig: Manchmal machen sie sich so groß, wie sie können und dann werden sie wieder ganz klitzeklein. Oder sie sind laut, und dann wieder leise. Kein Gefühl hält für immer."

Beispiele

- „Wenn ich weine, kann ich später wieder lachen."
- „Wenn ich traurig bin, werde ich wieder froh."
- „Wenn ich wütend bin, werde ich wieder cool."

Diese Bewegungen der Gefühle macht die Gruppe durch ein Sich-Großmachen bis auf die Zehenspitzen oder ein Sich-Kleinmachen durch ein In-der-Hocke-Zusammenrollen nach. Auch ein gemeinsam erzeugter Ton, der zuerst laut wird und dann abflaut, kann den Wandel der Gefühle zeigen. Die Spielleitung zeigt die Bewegung dazu mit ihren Händen an, indem sie diese am inneren Handballen aufeinanderlegt. Sind die Hände aufgeklappt, ist der Ton laut, nähern sie sich, wird der Ton leiser. Liegen die Handflächen aufeinander, sind alle still.

Variation

Das Auf und Ab von Gefühlen kann auch mit einem Schwungtuch nachempfunden werden. Die Übung endet immer mit einem Gefühl von innerer Ausgeglichenheit und Stärke. Stellt sich das nicht von selbst ein, gibt die Spielleitung eine Anleitung, zum Beispiel: „Und jetzt wird das Gefühl wieder ganz ausgeglichen und zufrieden …"

Material

evtl. Schwungtuch

Nach-Denk-Worte

So erleben Kinder, dass sie nicht ausgeliefert sind. Sie können sogar etwas zum Wandel ihrer Gefühle beitragen, indem sie das belastende Gefühl wahrnehmen, es groß und klein sein lassen, um es dann zusammen loszulassen.

Anschließend können sich alle auf ein stattdessen gewünschtes Gefühl fokussieren und es gemeinsam herbeispielen:

- Was wollen wir lieber haben?
- Wir wissen, wie das ist ... und holen es mit unserer Vorstellungskraft jetzt zu uns.

Das gelingt umso mehr, wenn Erwachsene eine ruhige, zentrierte Präsenz entwickeln, in der sich Kinder sicher fühlen.

Schöne Aussichten

Trauer geht vorüber, wie jedes andere Gefühl auch. Es wird wieder besser. Das sind schöne Aussichten. Kindern tut es gut, zu erfahren, dass Veränderung geschehen kann und dass es nicht so bleiben wird, wie es im Moment noch ist. Darüber kann in der Gruppe gesprochen werden:

- „Wer war schon mal traurig und ist wieder froh geworden?“
- „Was habt ihr gemacht, damit es euch wieder besser geht?“
- „Wer oder was hat geholfen?“
- „Woran kann man merken, dass es einem Kind wieder so richtig gut geht? Was ist dann besser? Und was noch?“
- „Angenommen, wir machen eine Zeitreise in die Zukunft und alles ist wieder leichter und fröhlicher. Wie wird es sein, wenn es wieder besser ist? Was können wir heute schon dafür tun? Wer hat eine Idee?“

Die Fokussierung auf diese schönen Aussichten öffnet unsere Wahrnehmung und stärkt unsere Kompetenzen, um die gewünschte Zukunft zu erreichen.

Worte-Sammler*innen

Dieses Spiel lädt dazu ein, die Kraft der Worte und die damit verbundenen Gefühle zu entdecken. Worte können uns ermutigen, erfreuen, uns mit unseren Talenten verbinden und uns bestärken. Sie helfen uns, zu sagen, was wir fühlen, was wir wollen oder was wir nicht wollen und brauchen.
Ein einzelnes Kind kann seine Wortsammlung anlegen, ebenso wie eine Zweier- oder Kleingruppe oder die Gesamtgruppe:

- Was sind unsere Lieblingsworte?
- Womit fühle ich mich wohl?
- Was sage und höre ich gerne?
- Welche Worte brauche ich, wenn ich einen Freund oder eine Freundin suche?
- Wie sage ich, dass ich mitspielen möchte?
- Wie sage ich, dass ich etwas nicht will?

So entsteht ein Wort-Schatz, der für die ganze Gruppe nützlich ist. Sinnvoll ist es, diese Worte und Sätze zu visualisieren, auch Piktogramme sind unterstützend. Immer wieder kann in einem Bilderrahmen das Wort oder der Satz der Woche aufgehängt werden.

Material

Papier, Stifte, evtl. Bilderrahmen

Variation

Musik-Sammler*innen:
Musik ist eine wichtige Quelle, die bei der Emotionsregulation begleitend unterstützen kann.

- Welches Lied macht mich wieder froh und entspannt?
- Womit geht meine Wut, Angst, Trauer etc. aus mir heraus?

17

Material

Musikstücke, Liedtexte

Buch der Verbindung

Auch Kinder erleben Trauer durch Verluste: Freunde ziehen um; Eltern trennen sich; der Wechsel in eine andere Einrichtung steht an; ein Tier, ein/e Angehörige/r oder Freund*in stirbt.

Das tut weh. Doch nichts kann uns das wegnehmen, was wir mit einem geliebten Menschen, einem Tier oder, was auch immer, erfahren haben. Wir haben es wirklich erlebt. Es bleibt immer für uns da. In unserem Herzen sind wir damit verbunden. Das kann durch ein „Buch der Verbindung“ visualisiert werden. Darin werden gemeinsame Erlebnisse aufgemalt, aufgeschrieben oder als Foto eingeklebt. Es tut gut, sich das anzusehen.

Material

Schnellhefter mit losen Seiten, Notizbuch oder Kladde, Stifte, Schere, Klebstoff, Fotos

Variation

Schatzkiste der Verbindung:
Darin können Gegenstände gesammelt werden, die an gute Erfahrungen erinnern. Je nach Situation eignet sich diese Aktion als Kleingruppenarbeit oder auch in der Gesamtgruppe, wenn alle von der Erfahrung betroffen sind.

Material

beliebige Box oder Schuhkarton, Erinnerungsgegenstände

18

Trost-Decke

Viele Kinder kommen mit Belastungen in die Einrichtung. Sie brauchen Trost, Begleitung und Unterstützung. Doch wie kann das in der Schnelle eines Gruppenalltags gelingen?
In einer geeigneten Zeitnische legt sich ein belastetes Kind auf eine Decke, alle anderen stellen sich darum herum und halten die Enden der Decke fest. Nun wird das Kind vorsichtig an den Zipfeln der Decke hochgehoben und behutsam hin und her geschaukelt.
So erfährt das bedürftige Kind Trost, Halt und Unterstützung. Zudem entdeckt die Gruppe ihre starke Seite als Trösterin und verfeinert ihre Empathie-Fähigkeiten. Diese Aktion kann in Kleingruppen ebenso wie in einer Gesamtgruppe in Kita oder Schule durchgeführt werden. Wichtig ist, dass es genug Festhalter an den Rändern der Decke gibt.

Material

stabile Decke

Impuls

„Denke daran, als du über irgendetwas unglücklich warst und dir jemand aus der Gruppe bzw. Klasse geholfen hat:

- Was genau hat die Person getan?
- Wie hat dir das geholfen?
- Wie hilfst du jemandem, der z. B. traurig ist?“

19

Der Angst-Hund

Angst ist eine Emotion, die uns alle herausfordert. Es tut Kindern gut, mit ihren Ängsten ernst genommen zu werden und Kompetenzen im Umgang damit zu entwickeln.
Die Spielleitung erzählt: „Jeder Mensch hat Angst. Das ist ganz normal. Angst will uns vor Gefahren schützen wie ein Hund, der gut auf uns aufpasst. Wenn der Hund aber zu viel Angst hat und zu sehr aufpasst, können wir nicht mehr spielen, Freunde finden oder etwas Neues wagen. Da braucht der Angst-Hund unsere Hilfe und wir können mit ihm reden, wie kluge Hundeführer*innen.
Wir stellen uns vor, wie unser Angst-Hund aussieht, dann sagen wir zu ihm:

Ich kann so gut verstehen, dass ich dich habe und dass du so viel Angst hast. Jetzt darfst du dich aber ausruhen und in dein Körbchen legen. Hier bist du sicher. Ich möchte spielen, etwas ausprobieren etc. Ich traue mich jetzt, das zu tun, was ich mir wünsche.“

Diese Anregung kann in Kleingruppen und auch in der Gesamtgruppe als Gesprächsanleitung dienen.

Vertiefung

Wie in einem Comic malen Kinder folgende Szenen: Zuerst zeichnen sie ihren Angst-Hund. Im nächsten Bild malen sie sich, wie sie mit dem Hund reden. Im dritten Bild liegt der Hund friedlich in seinem Körbchen und fühlt sich sicher, während das Kind das macht, was es sich wünscht.

Material

Papier, Stifte

20

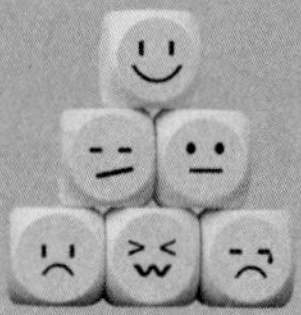

Selbst wirksam sein

Kinder erleben sich selbst wirksam, wenn sie sich weder ohnmächtig, noch allmächtig, sondern teil-mächtig erfahren. So können sie immer mehr Verantwortung für sich, ihre Gefühle, ihre Bedürfnisse und ihr Verhalten übernehmen. Auch Erwachsene haben die Aufgabe, diese Fähigkeiten weiterhin in ihrem Leben zu verfeinern. Es ist bereichernd, mit Kindern zusammen zu lernen und zu wachsen.

Das „Ich-hab-es schon-mal-geschafft“-Spiel

Die Kinder bilden einen Stuhlkreis, ein Kind steht ohne Stuhl im Kreis und sagt beispielsweise:

„Ich hab es schon mal geschafft,
andere zum Lachen zu bringen.“

Alle Kinder, die das auch schon einmal geschafft haben, stehen jetzt rasch auf. Sie tauschen blitzschnell untereinander ihre Plätze und setzen sich auf einen neuen, freigewordenen Stuhl. Das Kind, das in der Mitte steht, versucht, auch einen Stuhl zu ergattern. Erneut bleibt ein Kind übrig, stellt sich in die Mitte und sagt: „Ich hab es schon mal geschafft, ...“

Material

Stühle

Der Schatz in mir

Auf einen großen Bogen Papier wird der Umriss eines Kindes gezeichnet – vielleicht sogar lebensgroß. Zu jedem Körperteil werden die Fähigkeiten bzw. inneren Qualitäten, das Kostbare, das im Wesen des Kindes liegt, aufgeschrieben oder gemalt. So kann ein Kind z. B. zu den Beinen alles schreiben oder malen, was es mit seinen Beinen und Füßen schon kann, wie etwa laufen, schnell rennen, klettern etc. Zum Herzen schreibt es z.B. kraftvoll, zärtlich oder freundlich.
Als Gruppen- oder Klassen-Schatzausstellung lassen sich auf diese Weise auch die Fähigkeiten und Highlights von Gruppen oder Teams abbilden. Es ist sehr eindrucksvoll, wenn diese Werke lebensgroß im Gruppenraum von der Decke hängen oder anlässlich eines Kita- oder Schulfests an Wänden präsentiert werden.

Material

Papierbögen oder Tapetenrolle, Stifte

Nach-Denk-Worte

Mit der Einsicht „Ich bin wertvoll, – und du bist es auch“ leben und lernen Kinder nicht aus Konzepten des Mangels, sondern aus Konzepten der Wertschätzung. So ist es leichter, mutig zu sein, zu sich zu stehen, Niederlagen zu überwinden – und sich und andere zu akzeptieren.

22

Stopp-Kraft

So manche Eskalation wird verhindert, wenn ein Kind rechtzeitig und klar „Stopp!“ sagen kann und dies auch in Körperhaltung und Stimme ausdrückt. Das kann jeweils zu zweit oder sogar als ganze Gruppe geübt werden. Die Spielleitung erklärt:
„Jedes Kind hat eine Stopp-Kraft in sich. Sie braucht manchmal etwas Training. Das geht so:
Ein Kind stellt sich vor ein anderes hin. Dann hebt es seine Hände und dreht die Handflächen nach vorne, dem Übungspartner entgegen. Jetzt sagt es entschieden und mit all seiner Kraft:
›Stopp!‹“

Diese Situation wird dreimal wiederholt, dann werden die Rollen getauscht. So machen Kinder Erfahrungen mit Abgrenzung. Im Gespräch erzählen sie, wie es ihnen damit gegangen ist. Dann kann ein „Stopp!“ mit mehreren Kindern oder sogar mit der Gesamtgruppe geübt werden.

Erweiterung

- „Stopp! Ich will nicht, dass du mich haust. Was macht dich so wütend?“
- „Stopp! Ich mag nicht, dass du mir etwas wegnimmst!“
- „Stopp! Ich will nicht, dass du meine Sachen kaputt machst. Hilf mir, es wieder ganz zu machen.“

23

Die Verständnis-Zauberkraft

Verständnis für eine Emotion ist die Zauberkraft, die ein Gefühl verwandeln kann. Verständnis ist wie ein Zauberstab, der ein Gefühl wahrnimmt, würdigt und beruhigt. Für Kinder ist es sehr entlastend, zu lernen, wie sie mit ihren starken Gefühlen umgehen können. Dazu brauchen sie eine Anleitung im Einzelgespräch oder auch in der Gruppe.

Die Fachkraft erklärt mitfühlend: „Ich kann so gut verstehen, dass du gerade so unruhig, wütend, enttäuscht, traurig etc. bist. Lass uns dem Gefühl zusammen unser Verständnis geben. Stell dir vor, wir können dein Gefühl sehen und mit ihm sprechen. Wie sieht es aus? Groß oder klein? Hell oder dunkel? Wie würde es wohl aussehen, wenn es ein Tier wäre? Lass uns zusammen zu ihm sagen:

„Ich kann so gut verstehen, dass ich dich habe.
Das kommt von dem, was ich erlebt habe.“

Was geschieht nun mit dem Gefühls-Bild? Meistens fühlt es sich beachtet und wird immer ruhiger. Jedes Gefühl braucht unser Verständnis. Dann kann es sich wandeln und wir können besser verstehen, was gebraucht wird, um die Situation zu verändern.

Die Schubkarre

Um einen Konflikt zu lösen, helfen Vorstellungsbilder. Die Fachkraft sagt: „Angenommen, ihr seid wie zwei Schubkarren, die sich im Schlamm festgefahren haben. Jetzt seid ihr so wütend und wollt euch streiten. Wie kommt ihr nun am schnellsten wieder aus dem Schlamassel heraus? Was könnt ihr machen, um euch wieder zu vertragen? Wer hat eine Idee?"
Diese Fragen gehören zur „Lösungsfokussierten Methode". Sie geht davon aus, dass es nicht immer hilfreich ist, ein Problem genau bis ins Kleinste zu diskutieren. Oftmals ist es nützlicher:

- Ideen zu entwickeln, wie es sein soll, wenn es wieder in Ordnung ist,
- an das zu denken, was früher schon einmal geholfen hat (als Ideenquelle),
- die Stärken der Konfliktpartner wertzuschätzen
- und mehr von dem zu tun, was funktioniert.

Dieser Spurenwechsel gibt Stabilität und ruft vitalisierende Emotionen hervor, die Kinder sowie Gruppen befähigen, mit sich selbst klar zu kommen und konstruktive Ideen zu entwickeln.

Ein Würfel zum Konfliktlösen

Ein Perspektivwechsel ist zur Konfliktlösung besonders wirkungsvoll. Dabei helfen ein großer Schaumstoffwürfel und ein Kind oder eine Fachkraft, die als Würfel-Expert*in die unterschiedlichen Perspektiven verdeutlicht.

Der Würfel steht für den Streitpunkt und stellt die unterschiedlichen Seiten des Konfliktes dar. Er wird so zwischen die Konfliktpartner*innen gelegt, dass jede/r eine andere Zahl sieht. Dann wird gefragt: „Was siehst du?“ Nun sagt jedes Kind die Zahl bzw. Zahlen, die es von seinem Platz aus sehen kann. So wird deutlich, dass jede/r eine andere Zahl sieht, selbst wenn man auch manche Zahlen gemeinsam sehen kann. „So ist das auch beim Streiten. Jede/r sieht hauptsächlich nur seine/ihre Seite und denkt, er/sie alleine habe recht“, erklärt der/die Würfel-Expert*in.

Weitere Impulse:

- „Wie geht es dir da?“
- „Und wie ist es für dich dort?“

Tauscht jetzt bitte einmal langsam eure Plätze. Nun schau vom Platz des anderen auf die Situation: Was siehst du jetzt?

- „Wie ist es da für dich?"
- „Wie mag es wohl dem anderen damit gehen?"
- „Was braucht das Kind auf der einen Seite?"
- „Was braucht das Kind auf der anderen Seite?"

Eine indianische Weisheit sagt: „Beurteile nie einen Menschen, bevor du nicht mindestens einen halben Mond lang in seinen Mokassins gelaufen bist." So ist das auch mit dem Perspektivwechsel, der durch den Würfel erlebbar wird.

26

Material

großer Schaumstoffwürfel

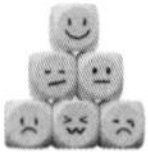

Glücks-Ritter*innen

Dieses Spiel gibt konstruktive Ideen zum Umgang mit Ausgrenzung und Beschwerden in Gruppen. Wenn sich ein Kind in einer Gruppe nicht wohl fühlt, weil es einen offenen oder verdeckten Konflikt zu geben scheint, ist die ritterliche Unterstützung von anderen entlastend.[3]

Die Spielleitung sucht einen oder mehrere Kinder aus, die als Glücks-Ritter*innen das Kind, das sich unwohl fühlt, für eine Weile begleiten. Sie sagt dazu: „Ich brauche eure Ideen, damit z.B. Max oder Lisa wieder glücklicher werden. Wer oder was könnte dabei helfen?“

Auch mit dem Kind, das die Beschwerde ausgelöst hat, wird gesprochen: „Es war sicher keine Absicht, dass du Max oder Lisa mit deinem Verhalten gestört hast. Wie kannst du es das nächste Mal anders machen?“ Wenn eine Handlung ganz bewusst als neutral oder mit einer im Grunde positiven Absicht ausgelegt wird, ermutigt das zur Zusammenarbeit.

Dieses Kind kann dann auch als Glücksritter*in gewonnen werden.

---

3 Vgl. Sue Young, Lösungsfokussierte Schule. Jenseits von Anti-Mobbing, Verlag Solutions Academy 2015.

Ebenso wird mit dem Kind, das sich zurzeit unwohl fühlt, gesprochen: „Was würde dir helfen, dich wieder wohler zu fühlen? Was kannst du selbst machen?“ Auch dieses Verhalten ist glücks-ritterlich.

Jede Mini-Ritterlichkeit zählt und die Glücks-Ritter*innen erhalten dafür Anerkennung durch verstärkende Rückmeldungen, einem Glücks-Ritter*innen-Foto, das alle beteiligten Kinder zeigt oder einer Glücks-Ritter*innen-Urkunde, in der ihr Beitrag Wertschätzung erfährt.

Stein-Worte und Herz-Worte

Kinder beziehen alle Worte, Blicke und Gesten auf sich. Sie können noch nicht unterscheiden, was mit ihnen zu tun hat und was nicht. Wenn sie lernen „meins“ (das hat mit mir zu tun) und „deins“ (das hat mit dir zu tun) zu unterscheiden, erwerben sie eine Kompetenz, die Streitigkeiten bis hin zu Mobbing vorbeugt.

Erster Gesprächsimpuls:
„Wie gut, dass niemand alles glauben muss, was ein anderer sagt. Wenn jemand schlechte Laune hat, sagt er oft Stein-Worte. Sie fühlen sich hart und kalt an, z. B. ›Mit dir spiele ich nie wieder!‹ oder ›Du machst immer alles falsch!‹ Meistens hat das gar nichts mit dir selbst zu tun. Deshalb brauchst du nicht alles zu glauben, was ein anderer zu dir sagt.“
Nun werden die Stein-Worte, die die Kinder schon einmal gehört haben, gesammelt. Dafür sucht sich jedes Kind einen Stein aus. Danach fragt die Spielleitung: „Was machen wir damit? Wenn wir all diese Stein-Worte sammeln und in unsere Taschen stecken, werden wir immer schwerer, oder?“

Als nächstes werden Alternativen gesucht, was die Kinder stattdessen mit den Stein-Worten machen können, z. B. wegwerfen, vergraben etc. Das wird zusammen gemacht.

Zweiter Gesprächsimpuls:
„Wir alle kennen auch Herz-Worte. Sie sind warm.
Sie machen uns fröhlich und mutig:
›Willst du mitspielen?‹ oder ›Ich mag dich.‹
Welche Herz-Worte kennt ihr?“
Nun werden die Herz-Worte der Kinder gesammelt. Herzen aus Speckstein, Holz oder einem anderen Material dienen zur Veranschaulichung. Jedes Kind sucht sich ein Herz für seine Lieblings-Herz-Worte aus oder malt bzw. schreibt es auf eine Herz-Karte. Auf der Grundlage eines immer stärker werdenden Selbstbildes lernt jedes Kind zu unterscheiden, welche Herz-Worte ihm gelten und welche Stein-Worte nichts mit ihm zu tun haben: „Ich wähle, was ich annehme und was ich beim anderen lasse.“

Material

Steine, Herzen aus Speckstein, Holz oder einem anderen Material, evtl. Herzkarten und Stifte

Na warte!

Bei vielen Hänseleien denken Kinder gar nicht nach. Sie fühlen sich selbst unwohl in ihrer Haut oder wollen für andere lustig sein, um Anerkennung zu bekommen. In Zweiergruppen trainieren Kinder, wie sie diese Sticheleien gar nicht an sich herankommen lassen und üben ihre Schlagfertigkeit.

Die Spielleitung erklärt:

„Ein/e andere/r kann sehen, dass du stark bist, wenn du aufrecht stehst, einen sicheren Blick hast und laut sprichst. Stelle dich mit dem Rücken und den Fersen an eine Wand. Das macht dich groß. Dann mache ein paar Schritte von der Wand weg und bleibe genauso groß. Mit der Zeit brauchst du keine Wand mehr, um dich aufzurichten. Denn jetzt weißt du, wie es geht, dich groß zu machen. Dein/e Spiel-Partner*in sagt dir nun zum Üben eine Stichelei, die ihn/sie selbst schon einmal geärgert hat, z. B.:

- „Du kannst nicht mal Fußball spielen!“ *Oder*
- „Du bist so fett!“ *Oder*
- „Du bist ja dumm!“

Jetzt nimmst du deine gerade Haltung ein und sagst laut:

„Ach nein!“
Oder
„Na so was! Dann passen wir ja gut zusammen!“
Oder
„Ich mag deine Witze!“

Welcher Satz passt für dich am besten? Wenn du zukünftig eine Stichelei hörst, kannst du ihn immer wieder sagen. So weißt du, was du erwidern kannst und die Hänselei läuft ins Leere.“
Dann werden die Rollen getauscht.

Spiegel-Fähigkeit

Diese Übung ist eine weitere Variation, um sich abzugrenzen. Dazu erklärt die Spielleitung: „Wenn ein/e andere/r etwas zu euch sagt, das gar nichts mit euch zu tun hat, könnt ihr eure Hand als Spiegel aufrichten und zwischen euch stellen und ›Spiegel‹ sagen. Das ist die Spiegel-Fähigkeit. Jemand sagt z. B.: ›Glotz nicht so blöd!‹ oder ›Nimm deinen dicken Bauch weg!‹

Jetzt stellst du deine Hand wie einen Spiegel zwischen euch und sagst einfach:

›Spiegel‹

Darin kann das andere Kind sich selbst sehen. Denn das, was es gerade gesagt hat, gilt wohl eher für sich selbst."

In Zweiergruppen wird die Spiegel-Fähigkeit trainiert. Jedes Kind braucht zum Üben eine Stichelei, die es selbst schon einmal gehört hat. Das eine Kind sagt den Ärger-Satz, das andere Kind stellt seine Hand auf und sagt ›Spiegel‹. Dabei stellt es sich vor, wie sich der Ärger-Satz zu dem Sprecher zurück spiegelt. Jedes Kind sollte wenigstens dreimal seine Spiegel-Fähigkeit ausprobiert haben.

Danach werden die Rollen gewechselt. Anschließend wird erzählt, wie es den Kindern damit gegangen ist.

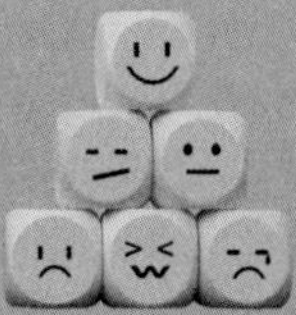

Rituale zur Stärkung und Prävention

Diese weiteren konkreten und einfachen Impulse zur Selbstregulation in Gruppen können als Rituale ihren festen Platz im Zusammenleben finden.

Meisterschaft

Jedes Kind sollte wenigstens einen Bereich haben, den es auf seine einzigartige Weise gut kann, um damit seine Meisterschaft zu erleben. So können Misserfolge in anderen Bereichen leichter ausgeglichen werden, zum Beispiel: Womit macht es einen Beitrag für die Gruppe? Kann es anderen helfen? Ist es stark oder humorvoll?

Durch diesen Fokus wird in Gruppen der „Ressourcen-Blick" trainiert. Alles was hierbei wahrgenommen und anerkannt wird, fördert die Fähigkeit der Selbstregulation von Kindern, Jugendlichen und auch von Erwachsenen. Fragen Sie sich:

- Was schaffen die Beteiligten?
- Was hat heute schon geklappt?
- Was kann als Nächstes gelernt werden? Was ist ein nächster kleiner Schritt?
- Welche Kompetenzen stecken im Problem? Wie kann das für eine Veränderung genutzt werden?

Bedanken Sie sich dafür oder geben Sie ein Kompliment. So unterstützen Sie mehr von dem, was Sie sich wünschen.

Beispiel

Kinder, die oft Quatsch machen und andere damit stören, sind häufig humorvoll und haben viele Einfälle. Es lohnt sich, diese Talente anzuerkennen und ihnen eine Trainings-Aufgabe zu geben: Statt sofort reinzurufen, sammeln die einfallsreichen Kinder während der Woche ihre Witze in einem Notizheft und wählen den oder die besten Gags aus, um sie zum Wochenabschluss der gesamten Gruppe vorzustellen. So werden u.a. das Komiker-Talent und das Warten auf einen geeigneten Zeitpunkt trainiert.

31

Schokolimente-Thron

Ein Schokolimente-Thron ist ein schön ausgestatteter Stuhl oder Sessel. Meistens genügt es, ein besonderes Tuch darüber zu legen oder dem Sessel eine Krone aufzusetzen. Ein Kind darf darin Platz nehmen. Dann haben alle anderen Kinder die Aufgabe, Schokolimente zu verteilen.
Ein Schokoliment ist so süß wie Schokolade und so angenehm wie ein Kompliment, z. B.:

- „Tom, ich bin so froh, dass du mein Freund bist.“ *Oder*
- „Emilia, ich mag dein Lachen.“ *Oder*
- „Anna, du hast mich heute gefragt, ob ich mit dir spielen mag. Das war so schön für mich.“ *Oder*
- „Danke Max, du hast mir heute geholfen.“

Material

Stuhl oder Sessel, Verzierung für den Thron, evtl. eine Krone

Das Krickel-Krakel-Buch

Ein Kind fertigt ein Buch an, in das es seine Wut, seinen Frust und Ärger schreiben, krickeln oder sogar hacken kann. So kann die Hand, die einem anderen eine reinhauen will, lernen, einen Stift zu nehmen und in das Krickel-Krakel-Buch zu hacken und zu krakeln. Kinder können ihr persönliches Buch nutzen, ebenso kann für eine Gruppe ein Gemeinschaftsbuch angelegt werden.
Vorstellbar ist auch eine Krickel-Krakel-Wand, z.B. im Pausenhof oder im Kunstraum. Hier kann auch mit einem Spachtel gearbeitet werden. Alles, was den Emotionsausdruck ermöglicht, ist sinnvoll.

Material

geeignetes Buch oder Heft, Stifte
oder geeignete Wand, Farbe, Spachtel

Nagel-Aktionen

Das Einhämmern von Nägeln auf einer Nagelwand, einem Balken oder einem Nagelbrett eignet sich bestens, um angestaute Emotionen loszuwerden. Später kann dieses Werk mit Schnüren und Farbe gestaltet und ausgestellt werden. Dieses Projekt ist auch als Gemeinschaftsarbeit denkbar: während einer Projektwoche, einem Ausflug oder als Aktions-Station auf einem Fest.

Material

geeignete Wand, an der Bretter oder Paletten befestigt werden
oder Holzbretter für die Einzelarbeit, z. B. in einen Schraubstock eingespannt
oder Paletten bzw. Balken, gesichert im Werkraum oder an einem anderen geeigneten Ort in der Einrichtung
Nägel, Hammer, evtl. Schnüre und Farbe

Ventil

Auf eine Papiertüte malt ein Kind das, was es zurzeit überhaupt nicht mag. Dann bläst es die Tüte auf und lässt sie platzen. Die anderen Kinder der Gruppe schauen zu und applaudieren. Oder sie machen gleich mit ihrer eigenen Tüte mit. So lernen Kinder, nicht andere als Ventil für ihre starken Gefühle zu nutzen, sondern Dinge einzusetzen, die ihnen Erleichterung verschaffen.

Material

Papiertüten, Stifte

35

Feuerschale

In Kleingruppen malt oder schreibt jedes Kind eine Sache, die es nicht mag auf einen Zettel und faltet diesen zusammen. In einer Feuerschale werden alle diese Zettel gemeinsam verbrannt. Beim Zusehen kann jede/r merken, wie sich alles auflöst und so eine Entlastung erfahren.

Material

Papier, Stifte, Feuerstelle oder Feuerschale, Streichhölzer
Wichtig: Eimer mit Wasser bereithalten!

Vertiefung

Gesprächsimpulse an der Feuerstelle:
„Es tut gut, etwas Belastendes loszulassen, wie wir es eben zusammen gemacht haben. Wie geht es euch jetzt damit? Wenn das weg ist, können wir viel leichter auch andere Seiten sehen:

- Was hat mir/uns in letzter Zeit gefallen?

- Was gibt uns ein warmes Gefühl, wenn wir zusammen daran denken?
- Was läuft gut bei uns?
- Was schaffen wir gemeinsam besser als alleine?

Wir können viel zusammen machen – zusammen sind wir stark!“

36

Steine im Wasser

Mit einem wasserlöslichen Stift malen oder schreiben Kinder auf einen Stein, was ihnen gerade nicht gefällt: etwas, das sie bedrückt, ärgert oder traurig macht. Dann gehen alle zusammen zu einem Bach oder einer anderen Wasserstelle und legen ihre Steine nacheinander hinein. Alle können sehen, wie das Wasser die Farbe wegspült und fortnimmt. Die Steine bleiben liegen. Die Last ist abgelegt.

Material

glatte Steine, wasserlösliche Aquarell-Stifte, Wasserfarbenstifte oder wasserlösliche Graphitstifte

Der Stein-Kittel

Ein Kittel oder ein altes Jackett mit Innen- und Außentaschen wird beschwert, indem alle Taschen mit Steinen gefüllt werden. Sie stehen für unangenehme Erfahrungen. Ein Kind zieht nun das Kleidungsstück an und spürt deren Last.

Die Spielleitung fragt nun: „Was hilft, diese Belastungen wieder los zu werden? Wer oder was kann helfen, dass die Steine wieder herauskommen?"

Jedes Kind kann dazu etwas beitragen. Durch eine Freundlichkeit, durch Dankesworte oder eine angenehme Berührung kann ein Stein nach dem anderen aus den Taschen genommen werden. Der „Stein-Kittel" wird so immer leichter und alle haben dabei mitgeholfen.

Wenn die Kinder diese Übung bereits kennen, kann sie auch in mehreren Kleingruppen selbstständig durchgeführt werden. Zusammen können dann die Steine beiseitegelegt werden. Sie sind nun nicht mehr wichtig.

Material

kleine Steine, Kittel oder Jackett

Das „Zurück-an-den-Absender"-Spiel

Manchmal kann sich eine ganze Gruppe mit Ärger- und Unruhe-Gefühlen aufheizen. Um das loszuwerden, wird imaginativ ein Paket mit den belastenden Emotionen gepackt.
Dazu lädt die Spielleitung ein: „Lasst uns all das Gezappel und Gewackel in ein Paket packen und wegschicken. Packt allen Ärger und allen Frust in Gedanken in das Paket. Wie sieht der Ärger, die Unruhe etc. aus? Wie ein Ungeheuer? Hell oder dunkel? Schaut noch einmal, ob auch alles drin ist. Lasst es uns gut verschnüren!" Dann rufen alle laut:
„Zurück an den Absender!"
und stellen sich vor, wie das Paket durch die Luft von ihnen wegfliegt.

Das kann als entlastendes Ritual bei Übergängen, z.B. am Wochenanfang, zum Wochenschluss oder auch zwischendurch durchgeführt werden. So lernen Kinder eine wirksame Ärgerregulation. Statt etwas nachzutragen, trainieren sie, loszulassen. So sind sie präsent und aufmerksam im Hier und Jetzt da.

Mein Weg – unser Weg

40

Mit diesem Spiel werden Erfolge sichtbar gemacht. Es ist inspiriert von der „Lösungsfokussierten Methode“. Auf einem Seil am Boden oder an einem Wandbild mit einem aufgemalten Weg kann ein einzelnes Kind zeigen, wie weit es in Bezug auf ein bestimmtes Thema schon gekommen ist. Zuerst wird der aktuelle Standort markiert:

- Wo bin ich, wenn auf der linken Seite der Anfang ist, und die rechte Seite zeigt, wo ich noch hin will?
- Was hat mir geholfen, schon so weit zu kommen?

Dann wird der Blick in die Zukunft gerichtet:
- Was ist der nächste kleine Schritt nach vorne?

Dieses Spiel kann genauso auch mit der Gruppe durchgeführt werden.

Material

Seil, Gegenstände zum Markieren wie Steine, Klötze o.Ä. für das Wandbild Plakat und Stifte

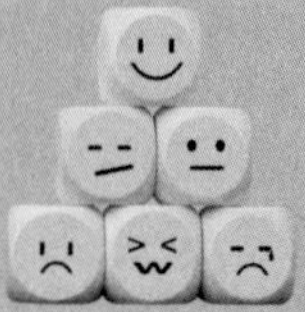

Zusammenhalten

Zugehörigkeitsgefühle und das Spüren von Zusammenhalt stärken soziale Kompetenzen in der Gruppe. Erleben sich Kinder zugehörig und für ihre Gemeinschaft wertvoll, sind sie so ausbalanciert, dass viele destruktive Verhaltensweisen deutlich weniger auftreten. Tauchen sie dennoch auf, weiß jede/r: Das kommt manchmal vor und ist in Ordnung. Durch die Übungen im Buch sind sie handhabbar für alle. Besonders gut funktioniert das, wenn Kinder und Erwachsene ihre Aufmerksamkeit auf das richten, was gewünscht wird: zusammenhalten, zusammen lernen und zusammen leben. Dieser Fokus lässt die Kooperations-Fähigkeiten der Kinder erblühen.

 Freundefinder*in

Einen Freund oder eine Freundin zu finden – wie geht das eigentlich? Vielen Kindern ist das nicht klar und es ist sinnvoll, in Gruppen darüber zu sprechen:

- „Wie hast du es schon mal geschafft, mit jemandem zu spielen, den du noch nicht so gut kanntest?“
- „Beobachte andere, wie sie es machen ...“
- „Wie zeigst du deine Freundlichkeit, damit andere merken, dass du ein/e Freund*in bist?“

Alle Ideen werden gesammelt und ausprobiert. Bei einem Freunde-Fest können dann die Erfolge der Freund*innen gefeiert werden. Durch einen Dank oder eine Urkunde werden die Handlungen und Haltungen der Kinder, die zu ihrer Freundschafts-Fähigkeit gehören, anerkannt.

Freunde-Wichteln

Jede/r zieht den Namen oder das Foto eines Kindes, das in der nächsten Woche sein geheimer Freund bzw. seine geheime Freundin wird, um Dinge zu tun, die Freund*innen füreinander tun. Das bleibt jedoch zunächst ein Geheimnis. Das Wichtel-Kind hat nun die Aufgabe, mindestens drei kleine Dinge für den/die geheime/n Freund*in zu wichteln.
Im Vorfeld ist es nützlich, mit den Kindern zu besprechen, was das alles sein kann: ein Lächeln, die Frage „Spielst du mit mir?“, einen Platz freihalten, etwas für das Kind tragen, etc.
Am Ende der Woche wird darüber spekuliert, wer der/die jeweilige geheime Freund*in war und wie die Kinder das herausgefunden haben. Abschließend wird allen Wichtel-Kindern gedankt. Sie bekommen Applaus, Anerkennung für ihre guten Ideen und für ihren Einsatz.

Vertiefung

Optional kann ein gemeinsames Foto die ganze „Freunde-Wichtel-Gruppe“ zeigen. So werden Anerkennung und Wertschätzung für das Engagement der

Kinder vertieft. Damit wird die Gruppe visuell an das erinnert, worauf sie zusammen stolz sein kann. So gehen Handlungen der Freundschaft noch leichter in das Repertoire der Kinder ein.

Material

Zettel mit Namen der Kinder
oder evtl. Fotos der Kinder

Detektiv*innen

Zwei Kinder werden als Detektiv*innen ausgelost. Als Kennzeichen können sie optional eine Detektivmütze oder eine Detektivschärpe tragen. Sie haben die Aufgabe, alles zu bemerken, was heute in der Gruppe gut läuft, zum Beispiel:

- Was macht Spaß?
- Was gefällt den Kindern?
- Wer hilft wem?

Am Ende des Tages erzählen die Detektiv*innen, was ihnen aufgefallen ist. Sie applaudieren der Gruppe und die Gruppe applaudiert ihnen für all das, was sie wie Detektiv*innen aufgespürt haben.

Es kann je einen Detektivtag in der Woche geben und immer wird ein neues Detektivpaar ausgelost. So werden die Stärken einer Gruppe hervorgehoben. Das hat eine enorm positive Wirkung sowohl auf die Kinder, die beobachtet werden, als auch auf die Kinder, die als Detektiv*innen tätig sind. Wertschätzende Augen werden trainiert, die auf alles achten, was einer Gruppe hilft, zusammen zu leben und zu lernen.

Material

Detektivmütze oder -schärpe (oder andere, dem Alter angemessene Zeichen), Lose

Nach-Denk-Worte

Gelingendes und Beglückendes stehen im Mittelpunkt der Aufmerksamkeit und bestärken so mehr von dem, was funktioniert.
Die Idee ›Kinder dabei zu erwischen, wenn ihnen etwas gelingt, um mehr davon zu tun‹, wird z.B. durch die WOWW-Methode (Working on What Works) als Unterrichts-Coaching in Klassen getragen. Diese Methode wurde von Insoo Kim Berg entwickelt und ist die Grundlage des obigen Spiels.
Weitere Anregungen in: Therese Steiner / Insoo Kim Berg, Handbuch Lösungsorientiertes Arbeiten mit Kindern, Heidelberg 2005.
Ben Furman, ein innovativer, kreativer Entwickler und Trainer des lösungsfokussierten Ansatzes bietet viele praktische und wirkungsvolle Impulse für Kita, Schule und Elternhaus, z. B. in: Ben Furman, Ich schaffs! Spielerisch und praktisch Lösungen mit Kindern finden, Heidelberg 2005.

Das Bestimmer-Kind

Jeweils an einem Tag ist ein Kind das Bestimmer-Kind, das in der Gruppe oder Klasse in bestimmten Situationen eine leitende Rolle übernimmt. Dazu zählen neben Leitungsaufgaben auch Privilegien. Als Kennzeichen bekommt es einen Stempel auf seine Hand. Es darf z. B.

- ein Lied aussuchen,
- sich eine Geschichte wünschen,
- ein Kommando geben, auf das alle hören,
- die Tafel wischen,
- zuerst durch die Gruppen- bzw. Klassentür gehen,
- den Tischdienst übernehmen
- oder eine andere Aufgabe ausüben wie z. B. auf einen sauberen Raum achten.

Die Aufgaben und Privilegien lassen sich visualisieren und aufhängen, um das Bestimmer-Kind zu unterstützen und zu erinnern. Die Visualisierungen können von den Kindern selbst wie Piktogramme auf einem Plakat dargestellt werden.
Nach und nach kommt jedes Kind dran. So werden Zuständigkeit und Selbstverantwortung in Gruppen trainiert.

Material

Stempel, Aufgaben- bzw. Privilegien-Plakat

44

Der Aufmerksamkeits-Stern

Jedes Kind bastelt einen Stern mit seinem Namen darauf, der z. B. an der Wand hängt und leicht abzunehmen ist. Wenn es merkt, dass es gerne eine Zeit ungeteilter Aufmerksamkeit mit einem Erwachsenen oder einem Kind haben möchte, hängt es seinen Stern ab und legt ihn der ausgewählten Person vor. Das Kind darf sich wünschen, was in dieser Zeit zusammen gemacht wird, sei es ein Spiel, ein Gespräch oder eine andere Tätigkeit.
Die Fachkraft oder das ausgewählte Kind können dann überlegen, wann dieser Wunsch zeitnah umgesetzt werden kann.

Material

Papier, Schere, Stifte

Nach-Denk-Worte

Beachtung muss nicht auf destruktive Weise eingeholt werden, wenn Kinder einen Rahmen bekommen, in dem sie lernen, ihre Bedürfnisse wahrzunehmen, ihre Kontaktwünsche zu äußern und auch auf geeignete Zeitpunkte der Umsetzung zu warten.

45

Der Freundschaftsplatz

Eine Bank, ein Sofa, ein Freundschaftsbaum im Außengelände oder ein anderer Freundschaftsort mit der Markierung „Freundschaftsplatz“, unterstützt Kinder, eine/n Freund*in, eine/n Spielpartner*in oder eine Spielidee zu finden.
Kommt ein Kind zu diesem besonderen Platz, heißt das:

- „Ich suche eine/n Freund*in. Ich suche jemanden, bei dem ich mitspielen kann.“ *Oder*
- „Ich suche ein Kind, das bei meiner Spielidee mitmachen will.“
  Oder noch niederschwelliger:
- „Ich suche eine Spielidee.“

So kann ein anderes Kind, dem es gerade ähnlich geht, einfach dazukommen und mitspielen oder seine Idee mitteilen.
Der Freundschaftsplatz kann gemeinsam mit den Kindern gestaltet werden.

Material

Holzbank o. Ä., Farbe zum Gestalten

Nach-Denk-Worte

Einen Freund oder eine Freundin zu finden stärkt das Zugehörigkeitsgefühl jedes Kindes. So kann es Herausforderungen, wie z. B. die Übernachtung in der Kita oder den Ausflug in der Schule viel leichter meistern. Kinder in herausfordernden Lebenssituationen haben es nicht immer leicht, auf ein anderes Kind zuzugehen, eine/n Freund*in zu finden oder Mitspieler*innen zu gewinnen.
Diese einfache Kontakt-Option unterstützt sie dabei.

46

Zusammen für angenehme Spielzeiten sorgen

Ein Bewusstsein für angenehme Freispiel-Zeiten, Draußen-Spielzeiten bzw. Pausen verstärkt die Eigenverantwortung der Kinder sowie ihre Fähigkeiten, auch für andere Kinder nützliche Beiträge in diesen Zeiten zu machen. Die Fachkraft fragt:

- „Was magst du am Freispiel / in Pausen am liebsten?“
- „Was spielst du gerne?“
- „Was macht es zu einer super Zeit für dich/euch?“
- „Was machst du dann?“
- „Was machen andere?“

Dann werden die Kinder dafür gelobt, dass sie herausgefunden haben, was sie tun können, um ihre Spielzeit noch mehr genießen zu können.
Auch der/die Erwachsene ist zuversichtlich und achtet auf gelingende Interaktionen, um sie den Kindern als Kompliment zurückzumelden.

Zudem ist es für viele Kinder entlastend, wenn Alternativen zum Fußball angeboten werden wie z.B. Gruppenspiele, Kämpfe mit Schaumstoffnudeln, Ritterspiele, Parcours etc.

Vertiefung

Wenn sich ein Kind in der Freispiel-Zeit / Pause Sorgen macht, ist es entlastend, zu wissen, wohin es sich wenden kann.
Wer ist der/die Ansprechpartner*in? Das können Erwachsene oder auch Kinder sein, die für diese Aufgabe regelmäßig begleitet und geschult werden. Zusammen wird überlegt, was alle am besten tun können, um die Sorge bzw. Sache zu verbessern.

47

Der Seilkreis: Zusammenhalt erleben

Ein Seil wird zusammengeknotet, um einen Kreis zu bilden. Es stellt den Zusammenhalt in der Gruppe dar und jedes Kind hält sich daran fest. Nun werden Unterschiede benannt, z. B.:

- „Hier kann ich groß sein oder klein sein.“
  alle machen sich groß und dann klein, während sie sich zusammen am Seil der Zugehörigkeit festhalten

Dann sagen alle zusammen:
„Ich bin in Ordnung ...“
jedes Kind deutet dabei auf sich
„und ich gehöre dazu.“
jedes Kind deutet auf den Kreis der Kinder

Weitere Unterschiede werden benannt und mit obigem Ritual nachgespielt:

- laut und leise ein,
- ein bisschen lieb und auch ein bisschen frech sein,

- von weit herkommen oder von hier sein,
- dicker oder dünner sein,
- langsam oder schnell sein,
- helle oder dunkle Haut haben,
- ein Mädchen oder ein Junge sein ...

Nach einigen Vorgaben der Spielleitung fallen den Kindern immer mehr Gegensätze zum Nachspielen ein. Soweit es geht, werden diese im Seilkreis nachgeahmt, während sich alle weiterhin am Seil festhalten und sich mit dem rituellen Satz und der dazu gehörenden Handbewegung: „Ich bin in Ordnung und ich gehöre dazu" in die Gemeinschaft einbinden.

Material

langes Seil

48

Held*innen-Training

Je zwei Kinder machen ein Held*innen-Training in ihrer Gruppe, indem sie eine Woche lang anderen Kindern helfen. Und auch die Fachkraft kann manchmal Hilfe gebrauchen. Die genauen Punkte können je nach Gegebenheit mit den Kindern abgesprochen werden. Es sollten nicht zu viele sein. Immer wieder wird den Held*innen für ihre Hilfe gedankt.

Nach der abgelaufenen Zeit werden alle für ihren Einsatz gelobt und bekommen eine Urkunde. Das Held*innen-Training wird fortgesetzt, bis alle Kinder dran waren und endet mit einem Held*innen-Fest und der Ausstellung des Gruppen-Fotos: Wir sind Held*innen!

Material

Urkunden, evtl. Gruppenfoto

Nach-Denk-Worte

Die Erfahrung „Ich kann etwas beitragen und ich werde dabei bemerkt“ verringert Aggressionen und stärkt das Selbstwertgefühl sowie das Zugehörigkeitsgefühl in der Gruppe. Konstruktive Anteile in Gemeinschaften werden so gestärkt und nehmen zu.

49

Flüstertüte

Jedes Kind erhält eine Papiertüte. Das ist die Flüstertüte, in die sich Kinder gegenseitig ermutigende Botschaften hineinflüstern und sich dabei zuhören. Auch die Fachkraft kann ihre Anerkennung für das Kind in die Tüte flüstern.
Für das Geflüster kann der Name des Flüster-Kindes oder ein Symbol für den Inhalt auf die Tüte gemalt werden. Mit einem Band wird die Flüstertüte zugebunden, damit auch alles drinbleibt.
So gefüllt kann die Flüstertüte überall hin mitgenommen werden und erinnert das Kind, an all die Mutmach-Botschaften zu denken: beim Übernachten in der Kita unter dem Kopfkissen, bei einem Ausflug im Rucksack, auf einer Klassenfahrt.

Material

Papiertüten, Stifte, Bänder

Don Bosco MiniSpielothek
Klein, fein, alles drin

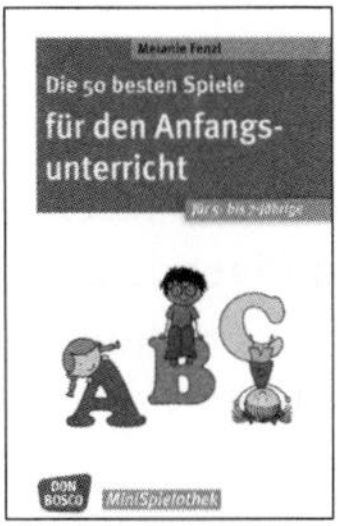

ISBN 978-3-7698-2572-5

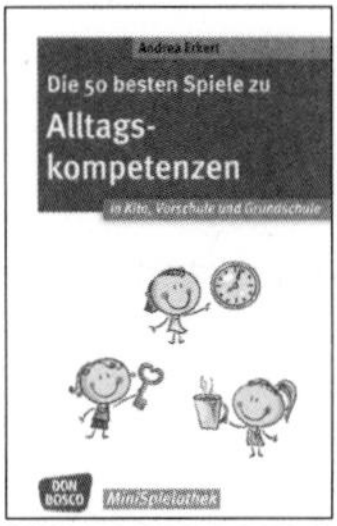

ISBN 978-3-7698-2573-2

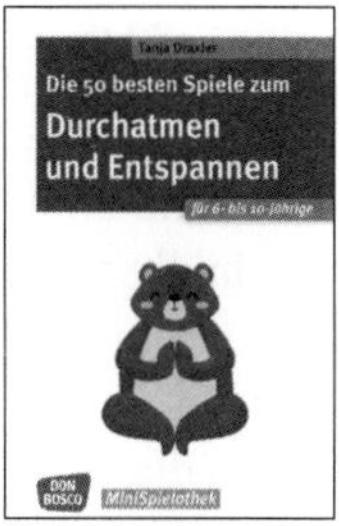

ISBN 978-3-7698-2569-5

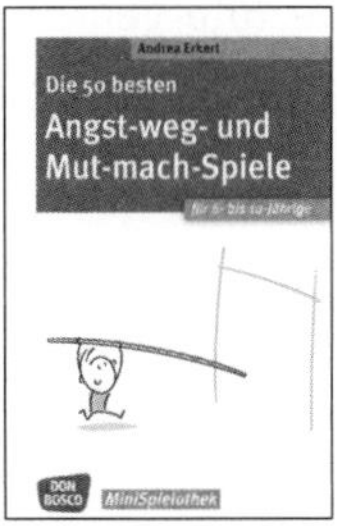

ISBN 978-3-7698-2565-7

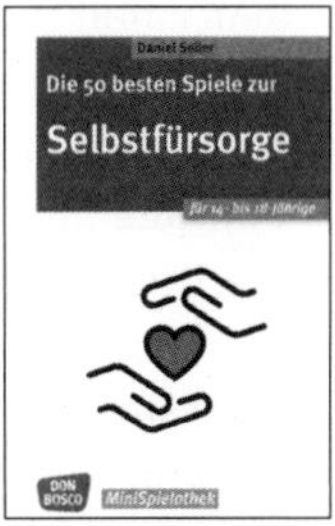

ISBN 978-3-7698-2558-9

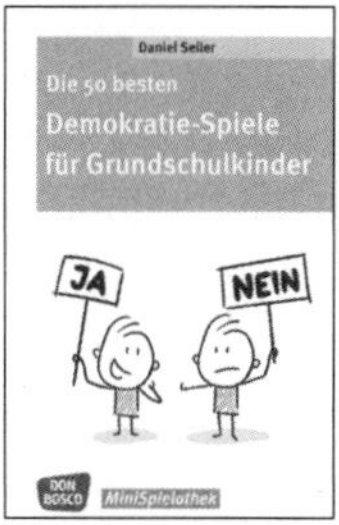

ISBN 978-3-7698-2559-6

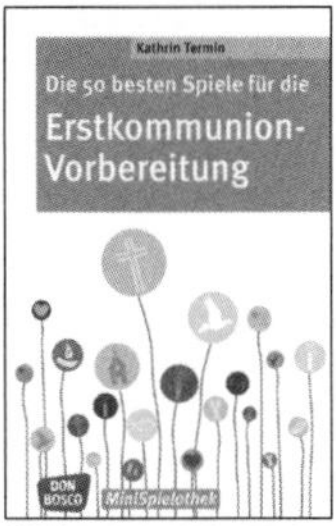

ISBN 978-3-7698-2556-5

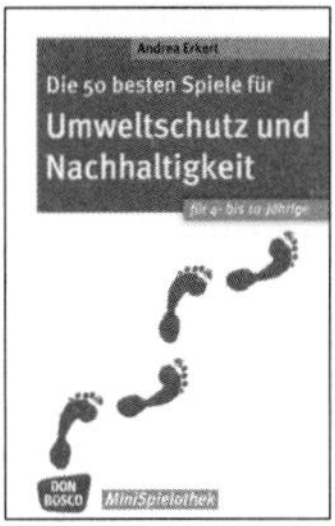

ISBN 978-3-7698-2555-8

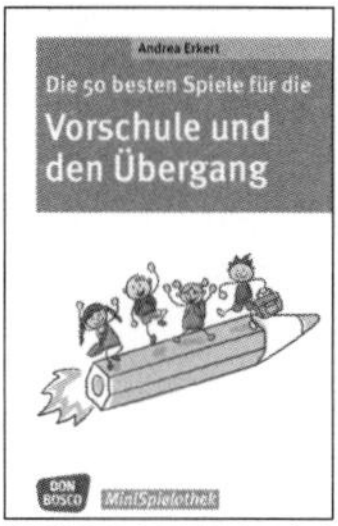

ISBN 978-3-7698-2546-6

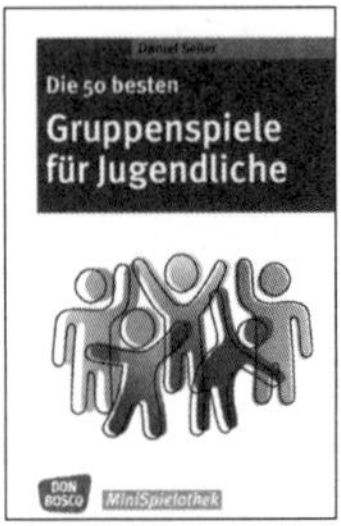

ISBN 978-3-7698-2545-9

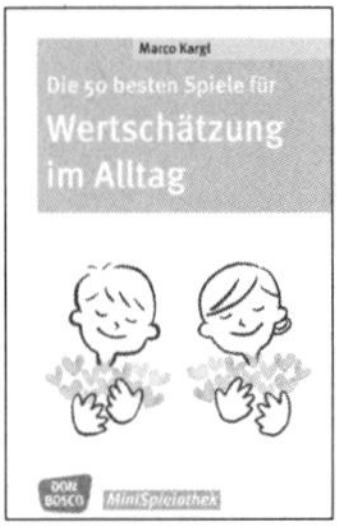

ISBN 978-3-7698-2540-4

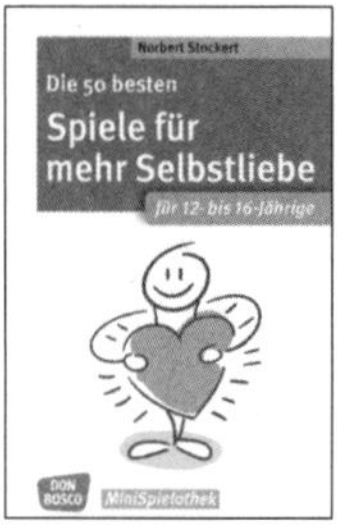

ISBN 978-3-7698-2539-8

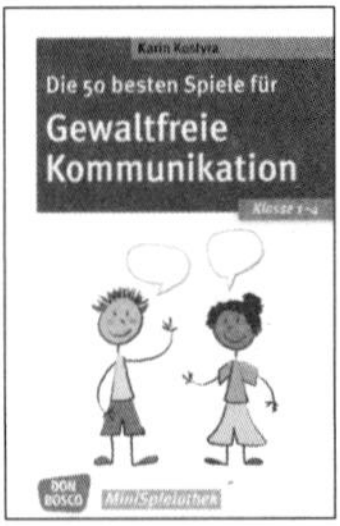

ISBN 978-3-7698-2521-3

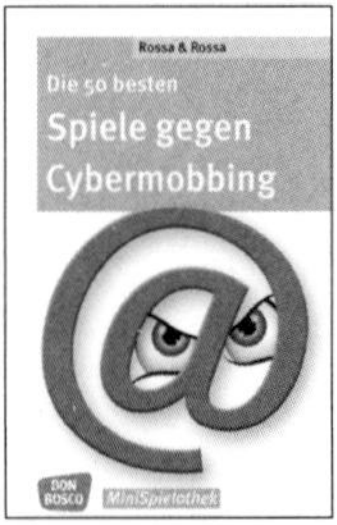

ISBN 978-3-7698-2520-6

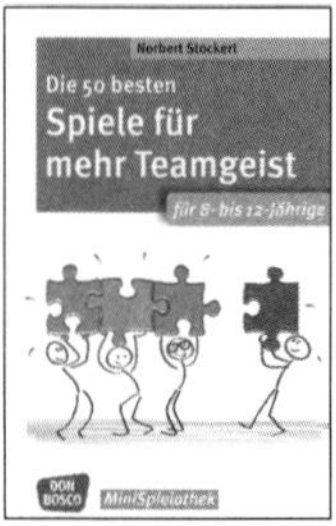

ISBN 978-3-7698-2509-1

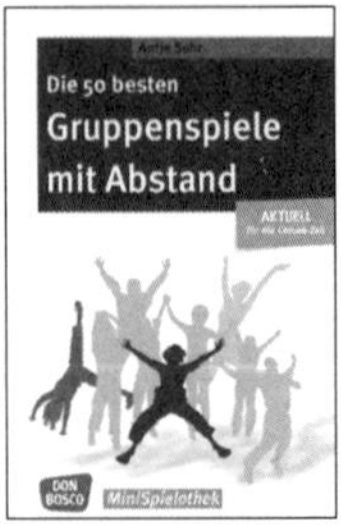

ISBN 978-3-7698-2503-9

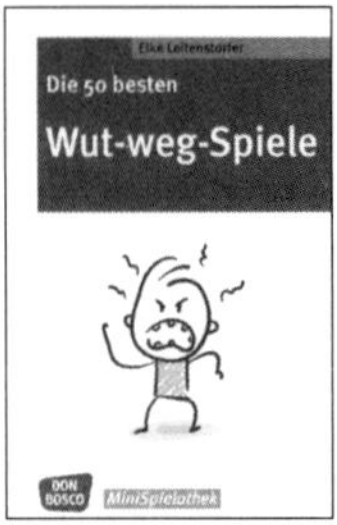

ISBN 978-3-7698-2498-8

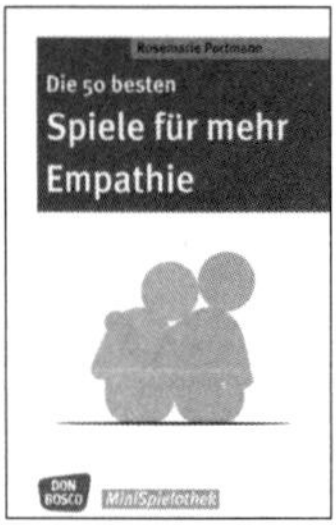

ISBN 978-3-7698-2497-1

Roberto Alajmo

Palermo ist eine Zwiebel

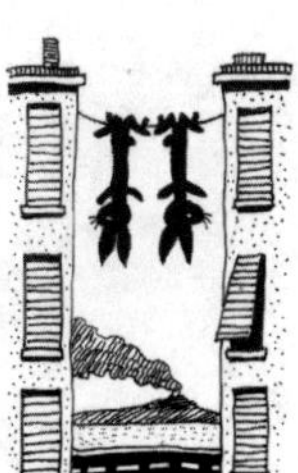